Impressum
Verlag: BABADADA GmbH, Nedderfeld 112 , 22529 Hamburg
Geschäftsführer / Verlagsleitung: Harald Hof
Druck: Books on Demand GmbH, In de Tarpen 42, 22848 Norderstedt

Imprint
Publisher: BABADADA GmbH, Nedderfeld 112 , 22529 Hamburg, Germany
Managing Director / Publishing direction: Harald Hof
Print: Books on Demand GmbH, In de Tarpen 42, 22848 Norderstedt

okul
école

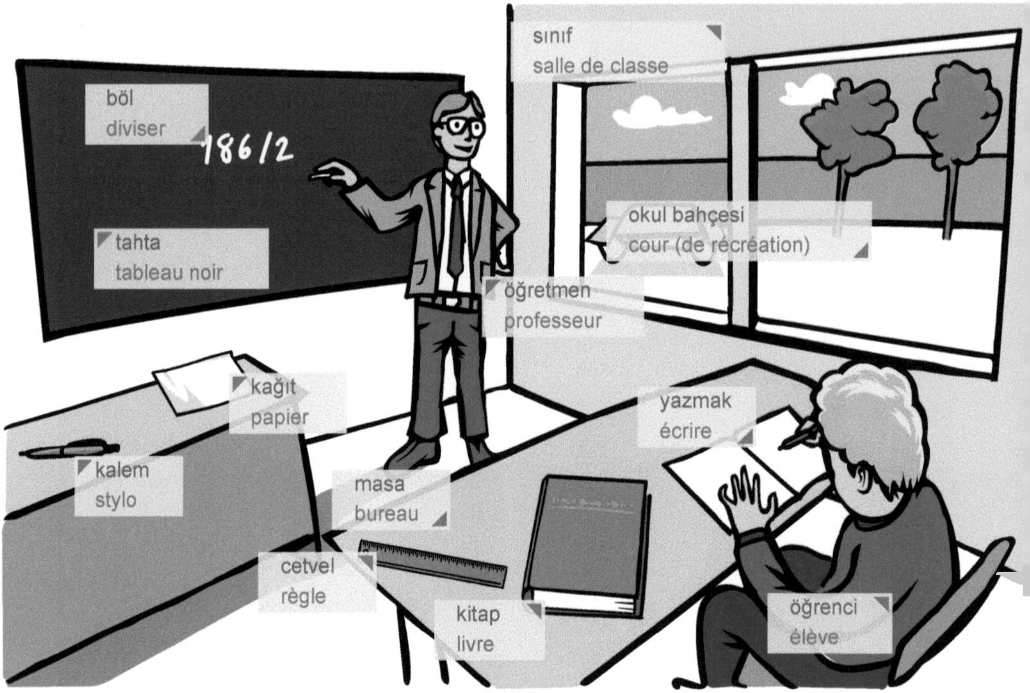
sınıf
salle de classe
böl
diviser
186/2
tahta
tableau noir
okul bahçesi
cour (de récréation)
öğretmen
professeur
kağıt
papier
yazmak
écrire
kalem
stylo
masa
bureau
cetvel
règle
kitap
livre
öğrenci
élève

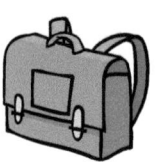

okul çantası

cartable

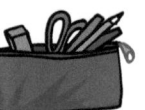

kalemlik

trousse

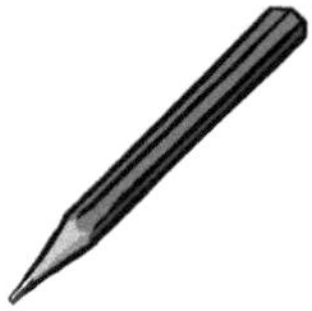

kurşun kalem

crayon

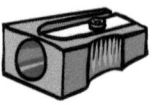

kalem açacağı

taille-crayon

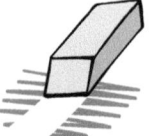

silgi

gomme

çizim defteri

carnet à dessin

çizim

dessin

resim fırçası

pinceau

boya kutusu

boîte de peinture

makas

ciseaux

tutkal

colle

alıştırma kitabı

cahier d'exercices

ödev

devoirs

12

sayı

chiffre

2+2

ekle

additionner

5-2

çıkar

soustraire

2×2

çarp

multiplier

hesapla

calculer

A

harf

lettre

ABCDEFG HIJKLMN OPQRSTU VWXYZ

alfabe

alphabet

kelime

mot

metin

texte

okumak

lire

tebeşir

craie

ders

leçon

kayıt

livre de classe

sınav

examen

sertifika

certificat

okul forması

uniforme scolaire

eğitim

formation

ansiklopedi

lexique

üniversite

université

mikroskop

microscope

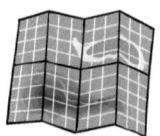

harita

carte

kağıt çöp kutusu

corbeille à papier

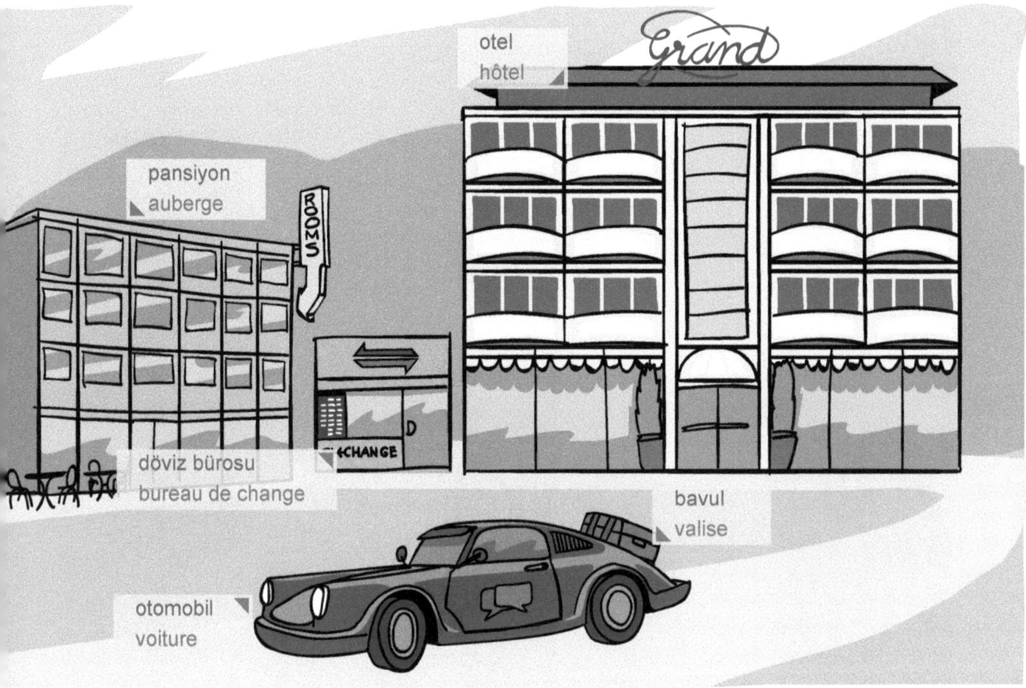

otel
hôtel
Grand
pansiyon
auberge
ROOMS
döviz bürosu
bureau de change
CHANGE
bavul
valise
otomobil
voiture

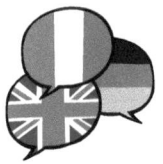

dil
langue

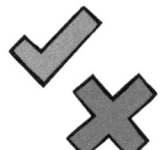

evet / hayır
oui / non

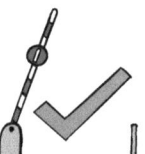

Tamam
d'accord

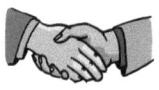

merhaba
Salut

çevirmen
interprète

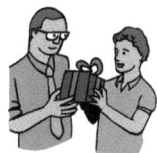

Teşekkür ederim
merci

bu ... ne kadar?

Combien coûte...?

anlamadım

Je ne comprends pas

problem

problème

İyi akşamlar!

Bonsoir !

Günaydın!

Bonjour !

İyi geceler!

Bonne nuit !

güle güle

Au revoir

yön

direction

bagaj

bagages

çanta

sac

sırt çantası

sac-à-dos

misafir

hôte

oda

pièce

uyku tulumu

sac de couchage

çadır

tente

turist danışma

office de tourisme

sahil

plage

kredi kartı

carte de crédit

kahvaltı

petit-déjeuner

öğle yemeği

déjeuner

akşam yemeği

dîner

Bilet

billet

asansör

ascenseur

pul

timbre

sınır

frontière

gümrük

douane

elçilik

ambassade

vize

visa

pasaport

passeport

ulaşım
transport

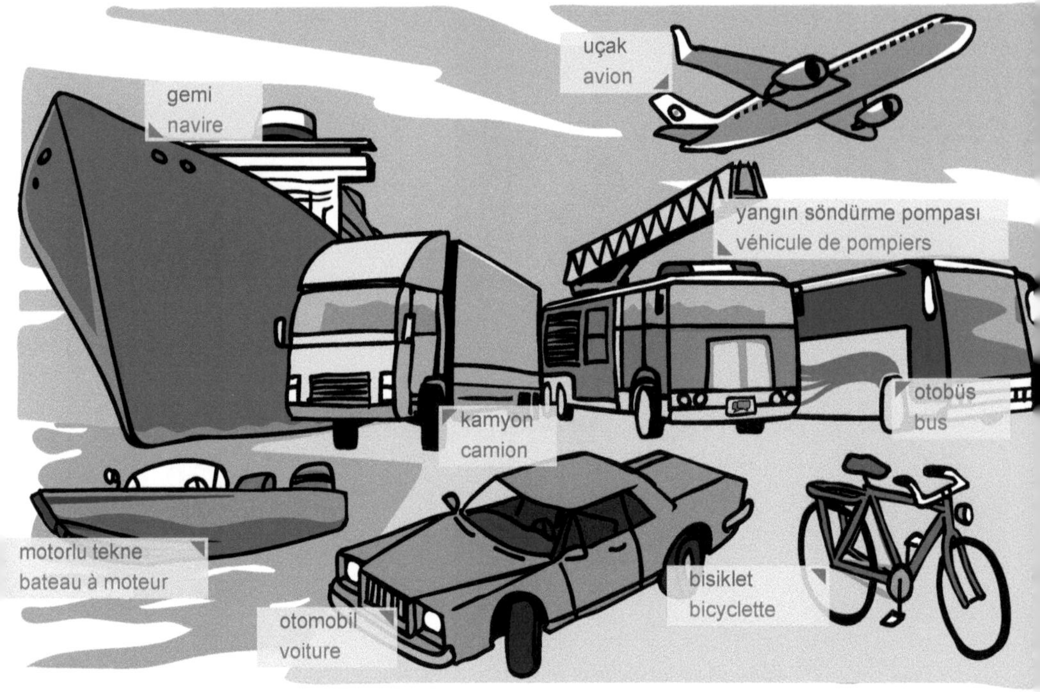

uçak
avion
gemi
navire
yangın söndürme pompası
véhicule de pompiers
otobüs
bus
kamyon
camion
motorlu tekne
bateau à moteur
bisiklet
bicyclette
otomobil
voiture

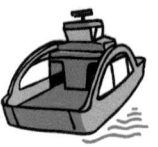

feribot

ferry

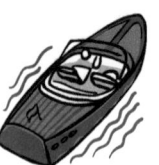

bot

barque

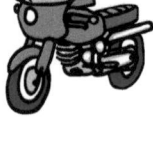

motosiklet

moto

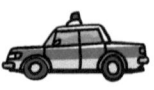

polis arabası

voiture de police

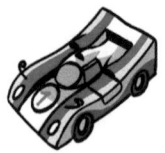

yarış arabası

voiture de course

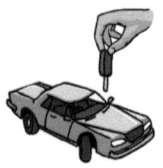

kiralık araba

voiture de location

ortak araba

auto-partage

çekici

voiture de remorquage

çöp kamyonu

benne à ordures

motor

moteur

yakıt

essence

benzinlik

station d'essence

trafik işareti

panneau indicateur

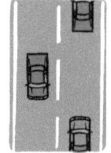

trafik

trafic

trafik sıkışıklığı

embouteillage

otopark

parking

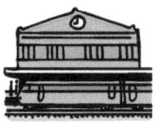

tren istasyonu

gare

ray

rails

tren

train

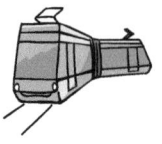

tramvay

tramway

vagon

wagon

helikopter

hélicoptère

havaalanı

aéroport

kule

tour

yolcu

passager

konteyner

conteneur

koli

carton

yük arabası

chariot

sepet

corbeille

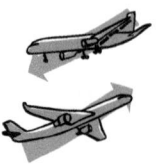

kalkış / iniş

décoller / atterrir

şehir

ville

köy

village

şehir merkezi

centre-ville

ev

maison

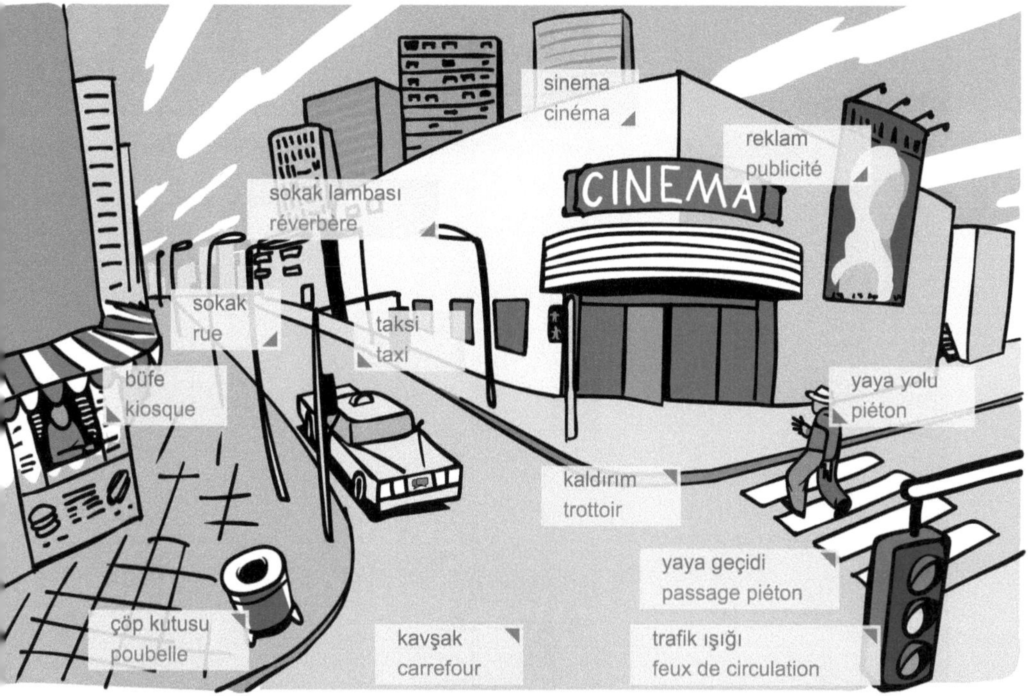

sinema
cinéma

reklam
publicité

sokak lambası
réverbère

CINEMA

sokak
rue

taksi
taxi

büfe
kiosque

yaya yolu
piéton

kaldırım
trottoir

yaya geçidi
passage piéton

çöp kutusu
poubelle

kavşak
carrefour

trafik ışığı
feux de circulation

kulübe
cabane

apartman dairesi
appartement

tren istasyonu
gare

belediye binası
mairie

müze
musée

okul
école

üniversite

université

banka

banque

hastane

hôpital

otel

hôtel

eczane

pharmacie

ofis

bureau

kitapçı

librairie

mağaza

magasin

çiçekçi

fleuriste

süpermarket

supermarché

market

marché

büyük mağaza

grand magasin

balık satıcısı

poissonnerie

alışveriş merkezi

centre commercial

liman

port

park
parc

bank
banque

köprü
pont

merdiven
escaliers

metro
métro

tünel
tunnel

otobüs durağı
arrêt de bus

bar
bar

restoran
restaurant

posta kutusu
boîte à lettres

sokak tabelası
panneau indicateur

otopark sayacı
parcmètre

hayvanat bahçesi
zoo

yüzme havuzu
piscine

cami
mosquée

çiftlik

ferme

kirlilik

pollution

mezarlık

cimetière

kilise

église

oyun alanı

aire de jeux

tapınak

temple

arazi

paysage

yaprak
feuille

yön tabelası
panneau indicateur

yol
chemin

çayır
pré

taş
pierre

ağaç
arbre

yürüyüşçü
randonneur

ırmak
rivière

çimen
herbe

çiçek
fleur

vadi

vallée

tepe

montagne

göl

lac

orman

forêt

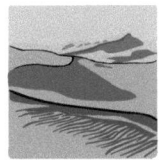

çöl

désert

volkan

volcan

kale

château

gökkuşağı

arc-en-ciel

mantar

champignon

palmiye

palmier

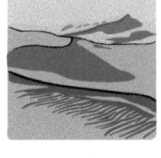

sivrisinek

moustique

sinek

mouche

karınca

fourmis

arı

abeille

örümcek

araignée

arazi - paysage

böcek

coléoptère

kurbağa

grenouille

sincap

écureuil

kirpi

hérisson

yabani tavşan

lièvre

baykuş

chouette

kuş

oiseau

kuğu

cygne

yaban domuzu

sanglier

geyik

cerf

geyik

élan

baraj

barrage

rüzgar türbini

éolienne

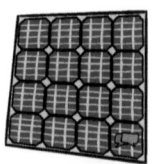

güneş paneli

panneau solaire

iklim

climat

garson
serveur

menü
menu

sandalye
chaise

çorba
soupe

pizza
pizza

masa örtüsü
nappe

çatal - bıçak
couverts

başlangıç
hors d'œuvre

ana yemek
plat principal

tatlı
dessert

içecekler
boissons

yemek
alimentation

şişe
bouteille

fastfood

fast-food

sokak yemeği

plats à emporter

çaydanlık

théière

şekerlik

sucrier

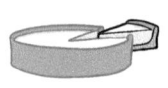

porsiyon

portion

espresso makinesi

machine à expresso

mama sandalyesi

chaise haute

fatura

facture

tepsi

plateau

bıçak

couteau

çatal

fourchette

kaşık

cuillère

çay kaşığı

cuillère à thé

servis peçetesi

serviette

bardak

verre

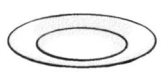

tabak

assiette

çorba kasesi

assiette à soupe

fincan altlığı

soucoupe

sos

sauce

tuzluk

salière

karabiber değirmeni

moulin à poivre

sirke

vinaigre

yağ

huile

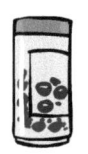

baharat

épices

ketçap

ketchup

hardal

moutarde

mayonez

mayonnaise

süpermarket
supermarché

özel teklif
offre promotionnelle
müşteri
client
süt ürünleri
produits laitiers
meyve
fruits
alışveriş arabası
chariot
FOR

BUTCHERS

kasap

boucherie

BAKERY

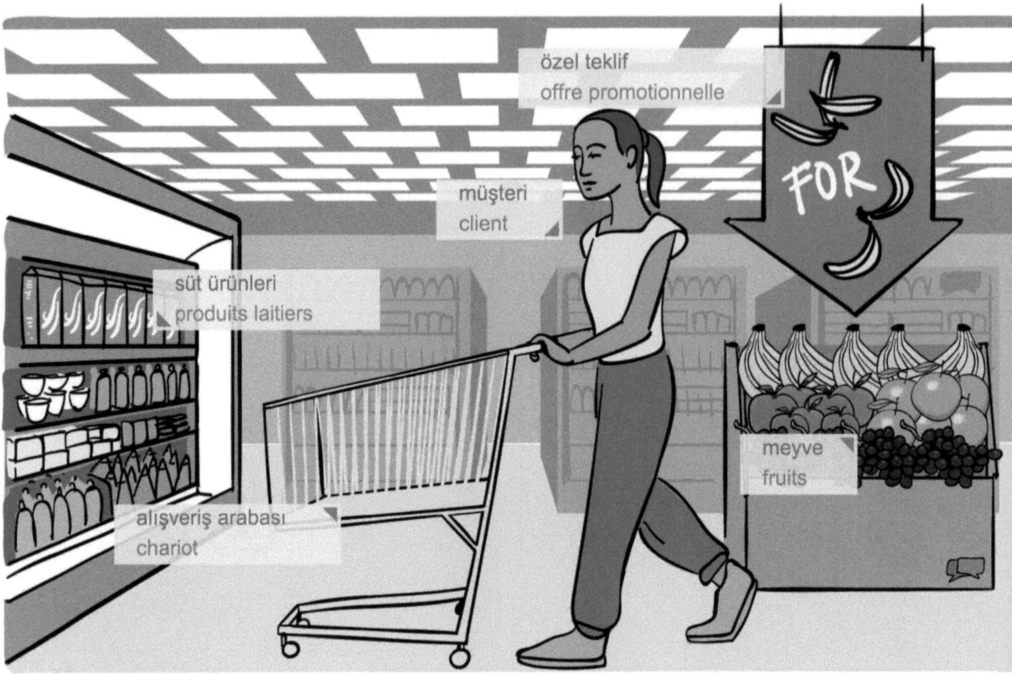

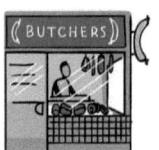

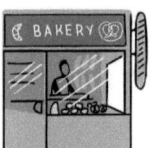

fırın

boulangerie

tartmak

peser

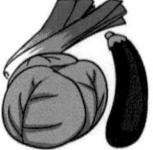

sebze

légumes

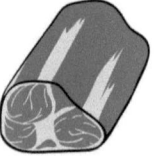

et

viande

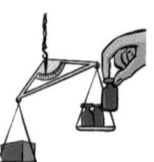

donmuş gıda

aliments surgelés

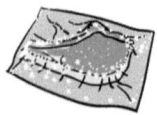

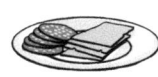

söğüş et

charcuterie

konserve yiyecek

conserves

toz deterjan

poudre à lessive

şekerlemeler

bonbons

ev temizlik ürünleri

articles ménagers

temizlik ürünleri

détergents

satış görevlisi

vendeuse

yazar kasa

caisse

kasiyer

caissier

alışveriş listesi

liste d'achats

açılış saatleri

heures d'ouverture

cüzdan

portefeuille

kredi kartı

carte de crédit

çanta

sac

plastik poşet

sac en plastique

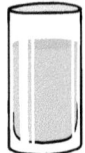

su

eau

meyve suyu

jus de fruit

süt

lait

kola

coca

şarap

vin

bira

bière

alkol

alcool

kakao

chocolat chaud

çay

thé

kahve

café

espresso

expresso

kapuçino

cappuccino

muz

banane

elma

pomme

portakal

orange

kavun

melon

limon

citron

havuç

carotte

sarımsak

ail

bambu

bambou

soğan

oignon

mantar

champignon

çerez

noisettes

makarna

pâtes

spagetti

spaghetti

pirinç

riz

salata

salade

cips

pommes frites

patates kızartması

pommes de terre rôties

pizza

pizza

hamburger

hamburger

sandviç

sandwich

şinitzel

escalope

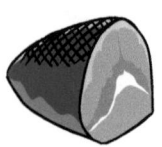

pastırma

jambon

salam

salami

sosis

saucisse

tavuk

poulet

rosto

rôti

balık

poisson

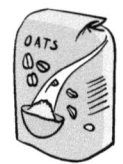

yulaf ezmesi

flocons d'avoine

müsli

muesli

mısır gevreği

cornflakes

un

farine

kruvasan

croissant

küçük ekmek

petits-pains

ekmek

pain

tost

pain grillé

bisküvi

biscuits

tereyağı

beurre

kaymak

le fromage blanc

kek

gâteau

yumurta

œuf

sahanda yumurta

œuf au plat

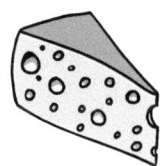

peynir

fromage

dondurma

glace

şeker

sucre

bal

miel

reçel

confiture

fındık ezmesi

crème nougat

köri

curry

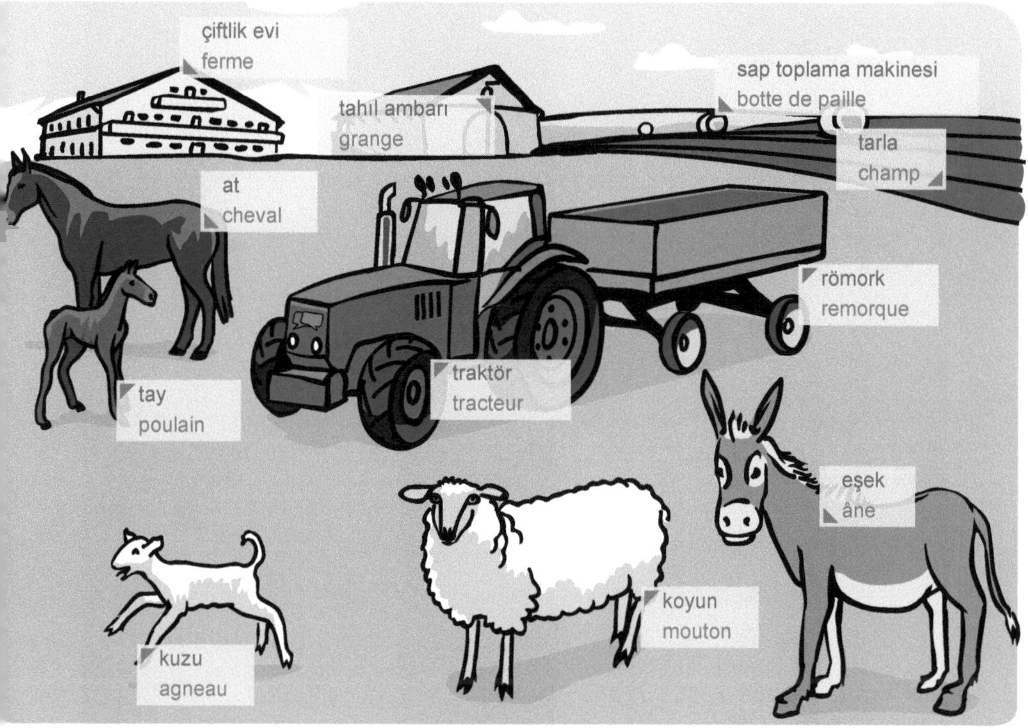

çiftlik evi
ferme

tahıl ambarı
grange

sap toplama makinesi
botte de paille

tarla
champ

at
cheval

römork
remorque

tay
poulain

traktör
tracteur

eşek
âne

kuzu
agneau

koyun
mouton

keçi

chèvre

inek

vache

buzağı

veau

domuz

porc

domuz yavrusu

porcelet

boğa

taureau

kaz

oie

ördek

canard

civciv

poussin

tavuk

poule

horoz

coq

sıçan

rat

kedi

chat

fare

souris

öküz

bœuf

köpek

chien

köpek kulübesi

chenil

bahçe hortumu

tuyau de jardin

sulama kabı

arrosoir

tırpan

faucheuse

pulluk

charrue

orak
faucille

çapa
pioche

dirgen
fourche

balta
hache

el arabası
brouette

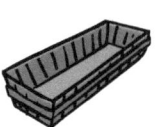

yemlik
cuve

süt kovası
pot à lait

çuval
sac

çit
clôture

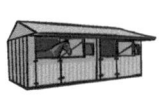

ahır
étable

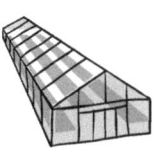

sera
serre

toprak
sol

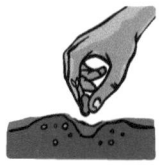

tohum
semences

gübre
engrais

biçerdöver
moissonneuse-batteuse

hasat etmek

récolter

harman

récolte

tatlı patates

igname

buğday

blé

soya

soja

patates

pomme de terre

mısır

maïs

kolza

colza

meyve ağacı

arbre fruitier

manyok

manioc

hububat

céréales

ev
maison

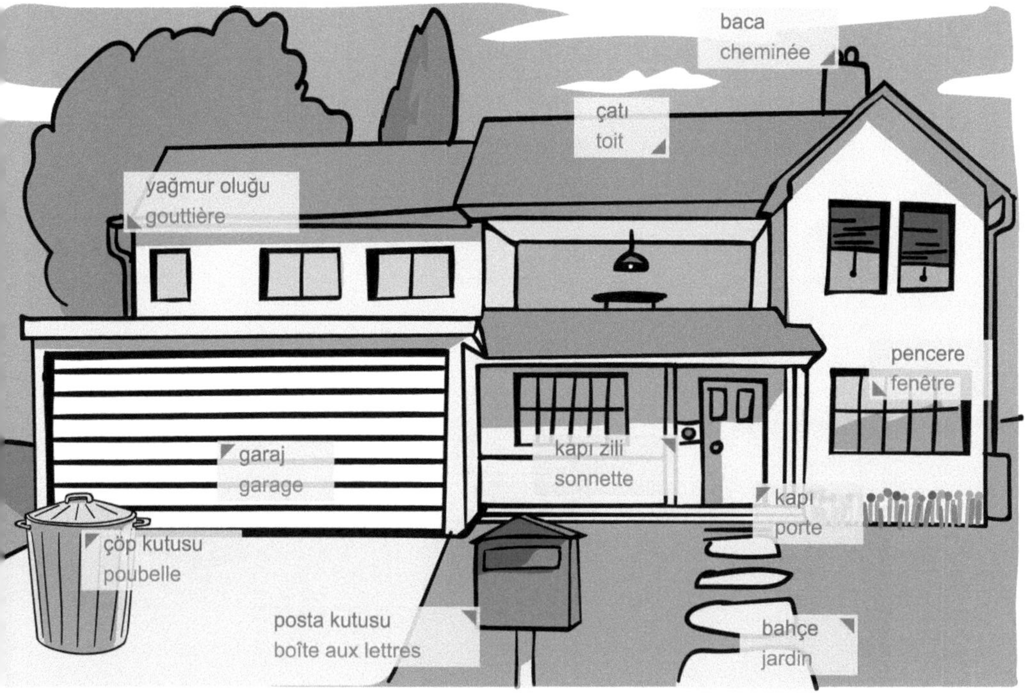
baca
cheminée
çatı
toit
yağmur oluğu
gouttière
pencere
fenêtre
garaj
garage
kapı zili
sonnette
kapı
porte
çöp kutusu
poubelle
posta kutusu
boîte aux lettres
bahçe
jardin

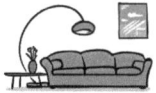

oturma odası

salon

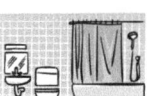

banyo

salle de bain

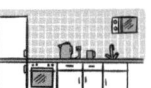

mutfak

cuisine

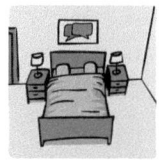

yatak odası

chambre à coucher

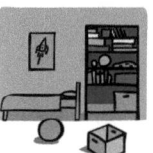

çocuk odası

chambre d'enfant

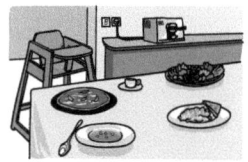

yemek odası

salle à manger

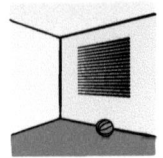

zemin
sol

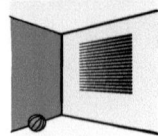

duvar
mur

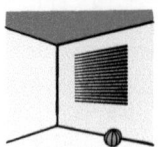

tavan
plafond

kiler
cave

sauna
sauna

balkon
balcon

teras
terrasse

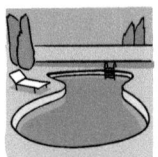

havuz
piscine

çim biçme makinesi
tondeuse à gazon

çarşaf
housse

yatak örtüsü
couette

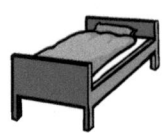

yatak
lit

süpürge
balai

kova
sceau

anahtar
interrupteur

oturma odası
salon

duvar kağıdı
papier peint
resim
image
lamba
lampe
raf
étagère
dolap
armoire
televizyon
télé
şömine
cheminée
çiçek
fleur
minder
coussin
kanepe
sofa
vazo
vase
uzaktan kumanda
télécommande

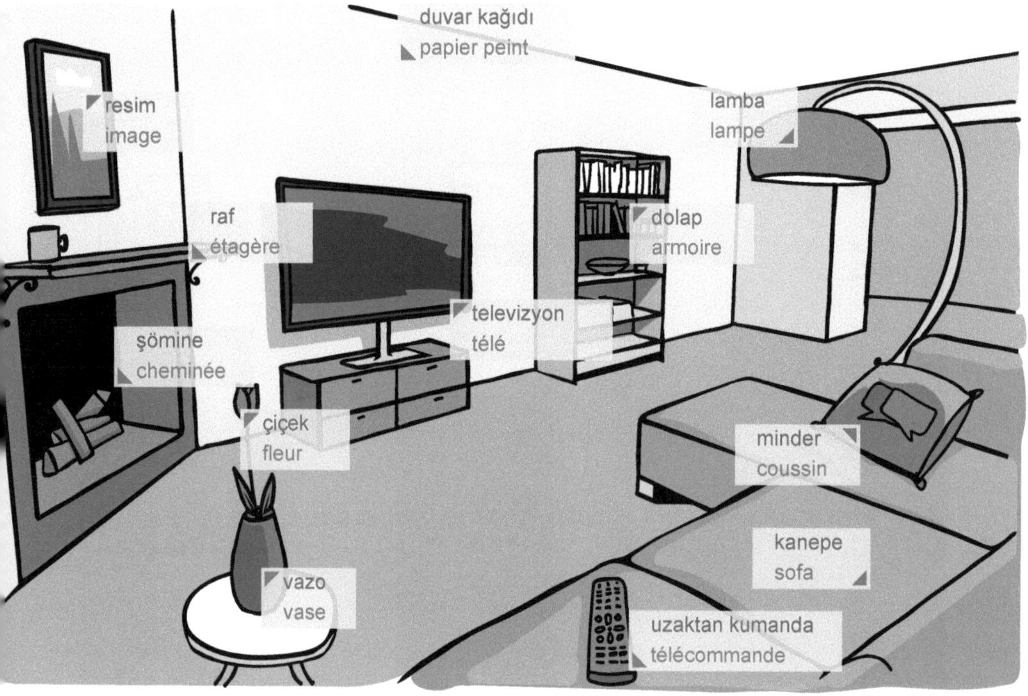

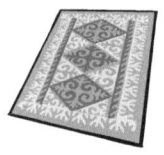

halı
tapis

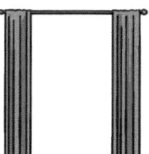

perde
rideau

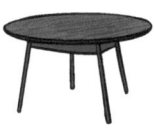

masa
table

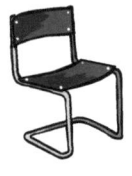

sandalye
chaise

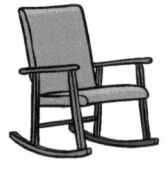

salıncaklı koltuk
chaise à bascule

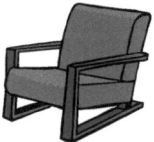

koltuk
fauteuil

kitap

livre

battaniye

couverture

dekor

décoration

odun

bois de chauffage

film

film

hi-fi

chaîne hi-fi

anahtar

clé

gazete

journal

tablo

peinture

poster

poster

radyo

radio

defter

bloc-notes

elektrikli süpürge

aspirateur

kaktüs

cactus

mum

bougie

mutfak
cuisine

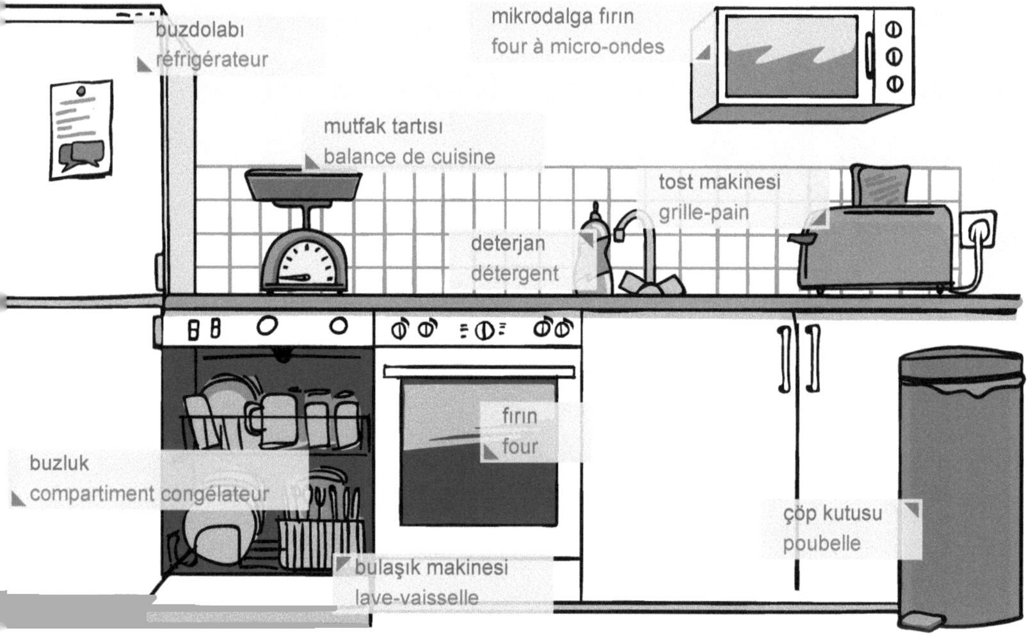
buzdolabı
réfrigérateur
mikrodalga fırın
four à micro-ondes
mutfak tartısı
balance de cuisine
tost makinesi
grille-pain
deterjan
détergent
fırın
four
buzluk
compartiment congélateur
çöp kutusu
poubelle
bulaşık makinesi
lave-vaisselle

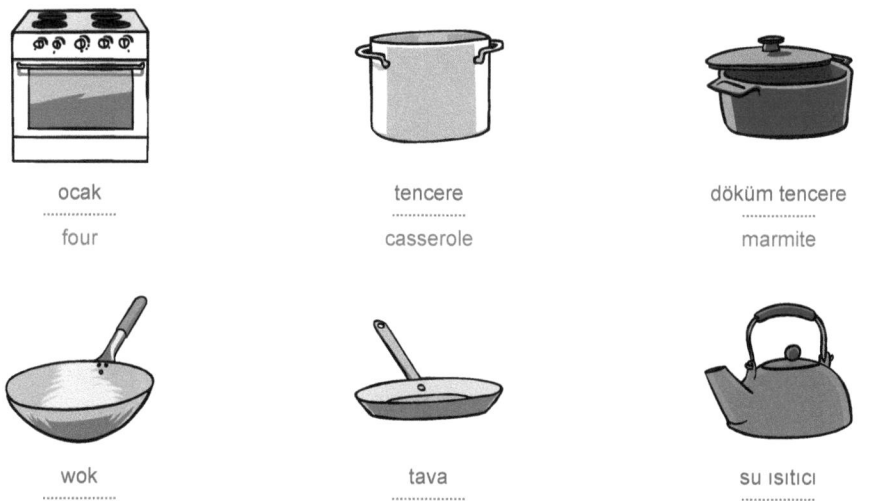

ocak
four

tencere
casserole

döküm tencere
marmite

wok
wok / kadai

tava
poêle

su ısıtıcı
bouilloire electrique

buharlı pişirici

cuiseur vapeur

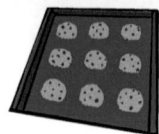

pişirme tepsisi

plaque de cuisson

tabak takımı

vaisselle

kupa

gobelet

kase

coupe

çubuk (çin yemeği)

baguettes

kepçe

louche

spatula

spatule

çırpma teli

fouet

süzgeç

passoire

elek

tamis

rende

râpe

havan

mortier

barbekü

barbecue

açık ateş

cheminée

kesme tahtası

planche à découper

merdane

rouleau à pâtisserie

tirbüşon

tire-bouchon

konserve kutusu

boîte

konserve açacağı

ouvre-boîte

fırın eldiveni

maniques

evye

lavabo

fırça

brosse

sünger

éponge

blender

mixeur

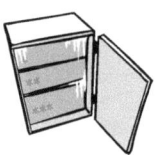

derin dondurucu

congélateur

biberon

biberon

musluk

robinet

banyo

salle de bain

ısıtma
chauffage
duş
douche
havlu
serviette
duş perdesi
rideau de douche
köpük banyosu
bain moussant
küvet
baignoire
bardak
verre
çamaşır makinesi
machine à laver
musluk
robinet
fayans
carrelage
lazımlık
pot
evye
lavabo

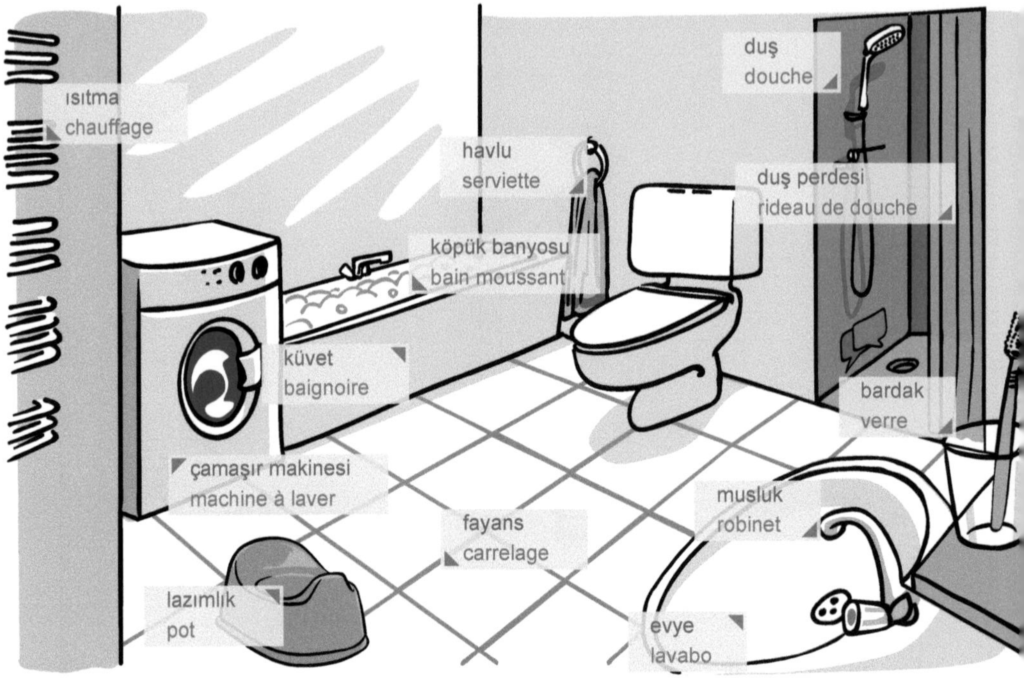

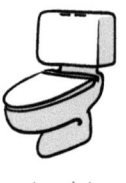

tuvalet
toilettes

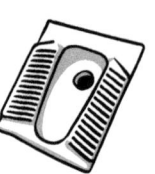

alaturka tuvalet
toilette à la turque

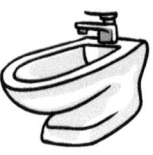

bide
bidet

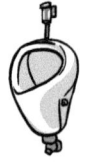

pisuvar
urinoir

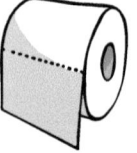

tuvalet kağıdı
papier toilette

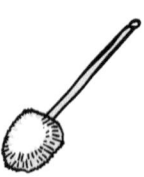

tuvalet fırçası
brosse à toilette

diş fırçası

brosse à dents

diş macunu

dentifrice

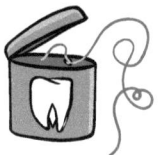

diş ipi

fil dentaire

yıkamak

laver

duş başlığı

douche manuelle

duş başlığı şeklinde taharet musluğu

douche intime

küvet

vasque

banyo fırçası

brosse dorsale

sabun

savon

duş jeli

gel douche

şampuan

shampooing

banyo lifi

gant de toilette

gider

écoulement

krem

crème

deodorant

déodorant

ayna

miroir

el aynası

miroir cosmétique

jilet

rasoir

tıraş köpüğü

mousse à raser

tıraş losyonu

après-rasage

tarak

peigne

fırça

brosse

saç kurutma makinesi

sèche-cheveux

saç spreyi

laque pour cheveux

makyaj

fond de teint

ruj

rouge à lèvres

tırnak cilası

vernis à ongles

pamuk

ouate

tırnak makası

coupe-ongles

parfüm

parfum

makyaj çantası

trousse de toilette

tabure

tabouret

tartı

pèse-personne

bornoz

peignoir

lastik eldiven

gants de nettoyage

tampon

tampon

kadın pedi

serviettes hygiéniques

kimyevi tuvalet

toilette chimique

çocuk odası
chambre d'enfant

çalar saat
réveil
peluş oyuncak
doudou
oyuncak araba
voiture jouet
çıngırak
hochet
bebek evi
maison de poupée
hediye
cadeau

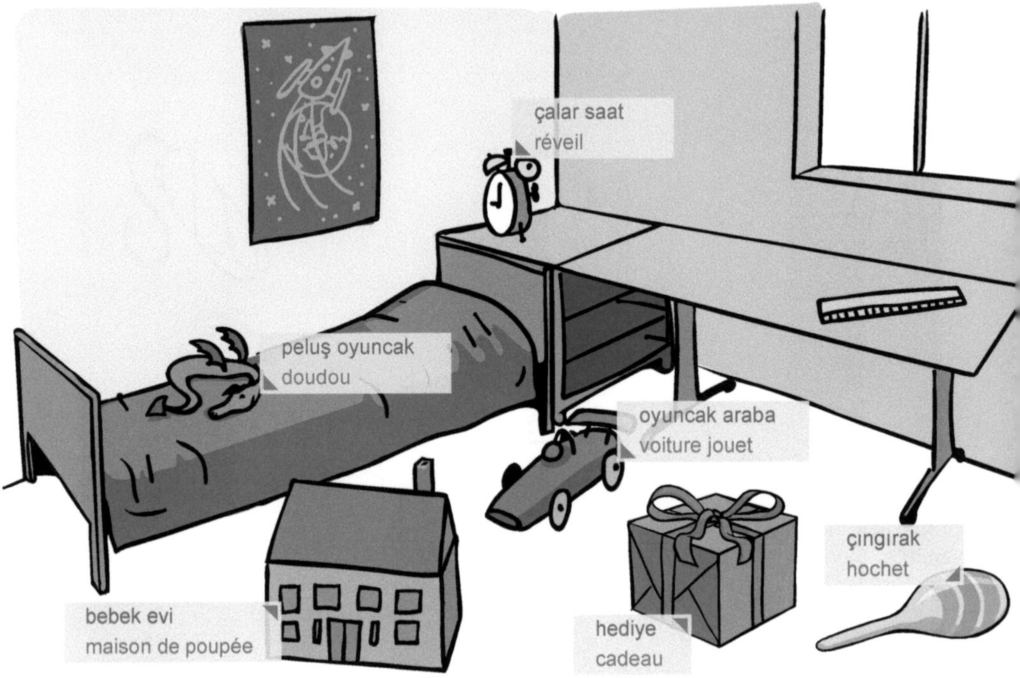

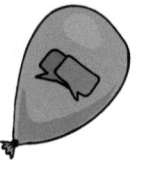

balon

ballon

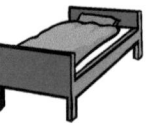

yatak

lit

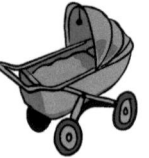

bebek arabası

poussette

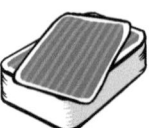

kart destesi

jeu de cartes

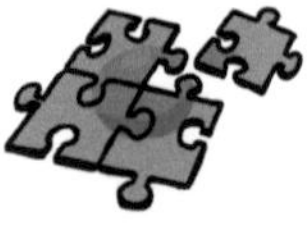

yapboz

puzzle

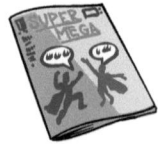

çizgi roman

bande dessinée

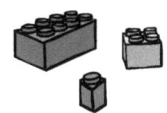

lego tuğlaları

pièces lego

lego blokları

blocs de construction

aksiyon figürü

figurine

zıbın

grenouillère

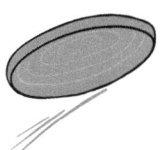

frizbi

frisbee

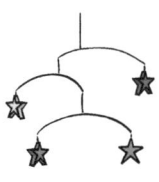

dönence

mobile

masa oyunu

jeu de société

zar

dé

model tren seti

train miniature

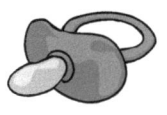

emzik

sucette

parti

fête

resimli kitap

livre d'images

top

balle

oyuncak bebek

poupée

oynamak

jouer

kum havuzu

bac à sable

salıncak

balançoire

oyuncaklar

jouets

video oyun konsolu

console de jeu

üç tekerlekli bisiklet

tricycle

oyuncak ayı

ours en peluche

gardırop

armoire

kıyafet

vêtements

çorap

chaussettes

külotlu çorap

bas

tayt

collant

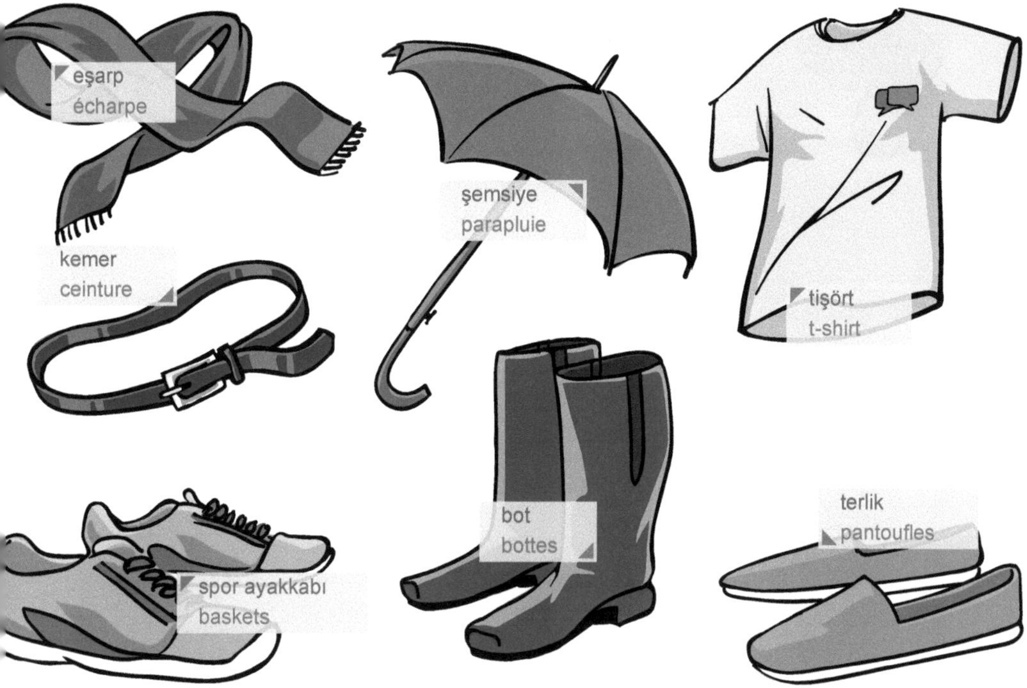

eşarp
écharpe

kemer
ceinture

şemsiye
parapluie

tişört
t-shirt

bot
bottes

terlik
pantoufles

spor ayakkabı
baskets

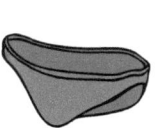

sandalet
....
sandales

ayakkabı
....
chaussures

lastik çizme
....
bottes de caoutchouc

külot
....
sous-vêtements

sütyen
....
soutien-gorge

yelek
....
maillot de corps

kıyafet - vêtements

45

dar bluz
body

pantolon
pantalon

kot pantolon
jean

etek
jupe

bluz
chemisier

gömlek
chemise

kazak
pull

süveter
sweat à capuche

blazer
veste

ceket
veste

mont
manteau

yağmurluk
imperméable

kostüm
costume

elbise
robe

gelinlik
robe de mariée

takım elbise

costume

gecelik

chemise de nuit

pijama

pyjama

sari

sari

baş örtüsü

foulard

türban

turban

burka

burqa

kaftan

caftan

çarşaf

abaya

mayo

maillot de bain

erkek mayosu

maillot de bain

şort

short

eşofman

tenue d'entraînement

önlük

tablier

eldiven

gants

düğme

bouton

gözlük

lunettes

bilezik

bracelet

kolye

collier

yüzük

bague

küpe

boucle d'oreille

kep

bonnet

portmanto

cintre

şapka

chapeau

kravat

cravate

fermuar

fermeture éclair

kask

casque

pantolon askısı

bretelles

okul forması

uniforme scolaire

üniforma

uniforme

mama önlüğü
....
bavoir

emzik
....
sucette

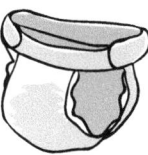

bebek bezi
....
lange

ofis
bureau

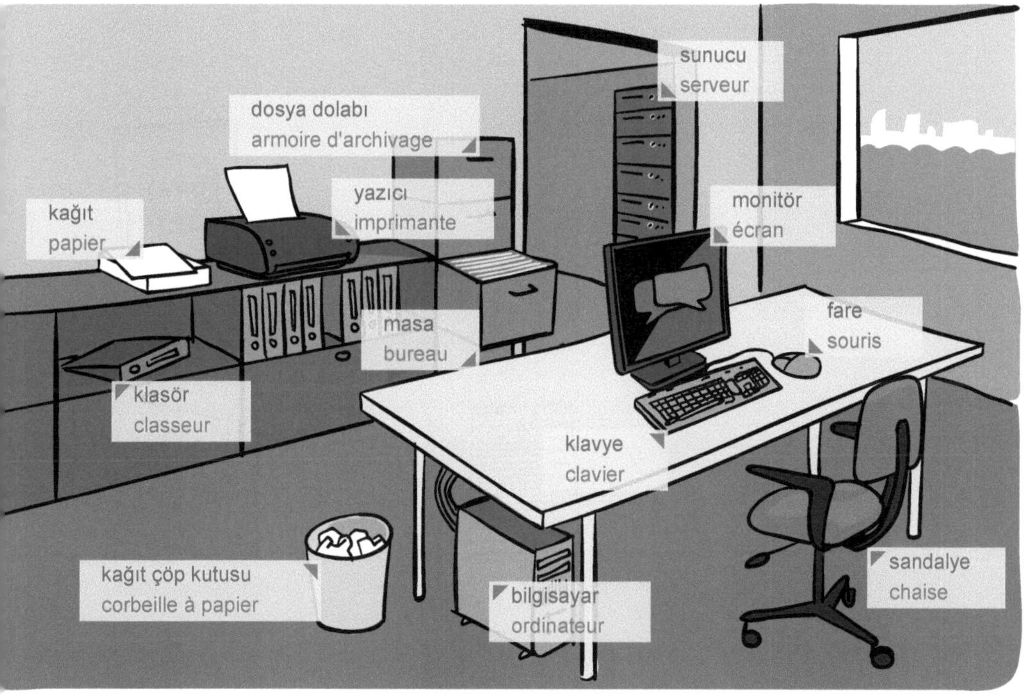

sunucu
serveur

dosya dolabı
armoire d'archivage

kağıt
papier

yazıcı
imprimante

monitör
écran

masa
bureau

fare
souris

klasör
classeur

klavye
clavier

kağıt çöp kutusu
corbeille à papier

bilgisayar
ordinateur

sandalye
chaise

kahve fincanı
....
tasse de café

hesap makinesi
....
calculatrice

internet
....
internet

dizüstü	mektup	mesaj
ordinateur portable	lettre	message

cep telefonu	ağ	fotokopi makinesi
portable	réseau	photocopieuse

yazılım	telefon	priz
logiciel	téléphone	prise
	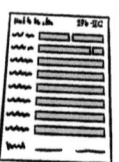	
faks makinesi	form	belge
fax	formulaire	document

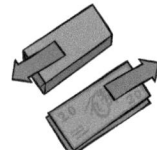

satın almak

acheter

ödemek

payer

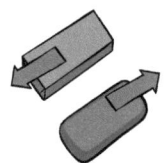

ticaret yapmak

faire du commerce

para

monnaie

dolar

dollar

avro

euro

yen

yen

ruble

rouble

İsviçre frangı

franc suisse

Çin yuanı

renminbi yuan

rupi

roupie

kasa

distributeur automatique

döviz bürosu

bureau de change

altın

or

gümüş

argent

petrol

pétrole

enerji

énergie

fiyat

prix

kontrat

contrat

vergi

taxe

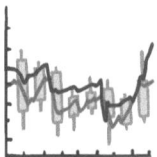

menkul değer

action

çalışmak

travailler

işveren

employé

işçi

employeur

fabrika

usine

mağaza

magasin

meslekler
professions

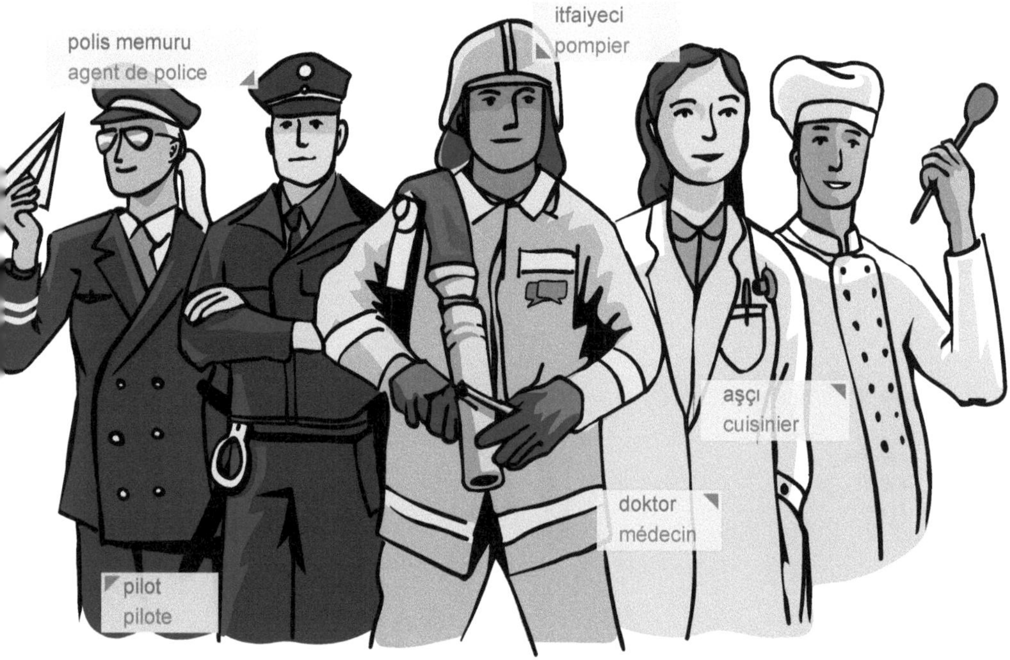
polis memuru
agent de police
itfaiyeci
pompier
aşçı
cuisinier
doktor
médecin
pilot
pilote

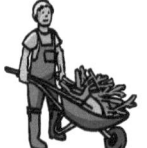

bahçıvan

jardinier

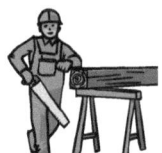

marangoz

menuisier

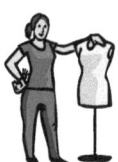

terzi

couturière

hakim

juge

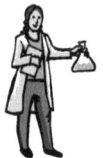

kimyager

chimiste

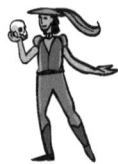

aktör

acteur

otobüs şoförü

conducteur de bus

taksi şoförü

chauffeur de taxi

balıkçı

pêcheur

temizlikçi

femme de ménage

çatı ustası

couvreur

garson

serveur

avcı

chasseur

boyacı

peintre

fırıncı

boulanger

elektrikçi

électricien

inşaatçı

ouvrier

mühendis

ingénieur

kasap

boucher

muslukçu

plombier

postacı

facteur

asker

soldat

mimar

architecte

kasiyer

caissier

çiçekçi

fleuriste

kuaför

coiffeur

kondüktör

contrôleur

tamirci

mécanicien

kaptan

capitaine

dişçi

dentiste

bilim insanı

scientifique

haham

rabbin

imam

imam

keşiş

moine

rahip

prêtre

aletler
outils

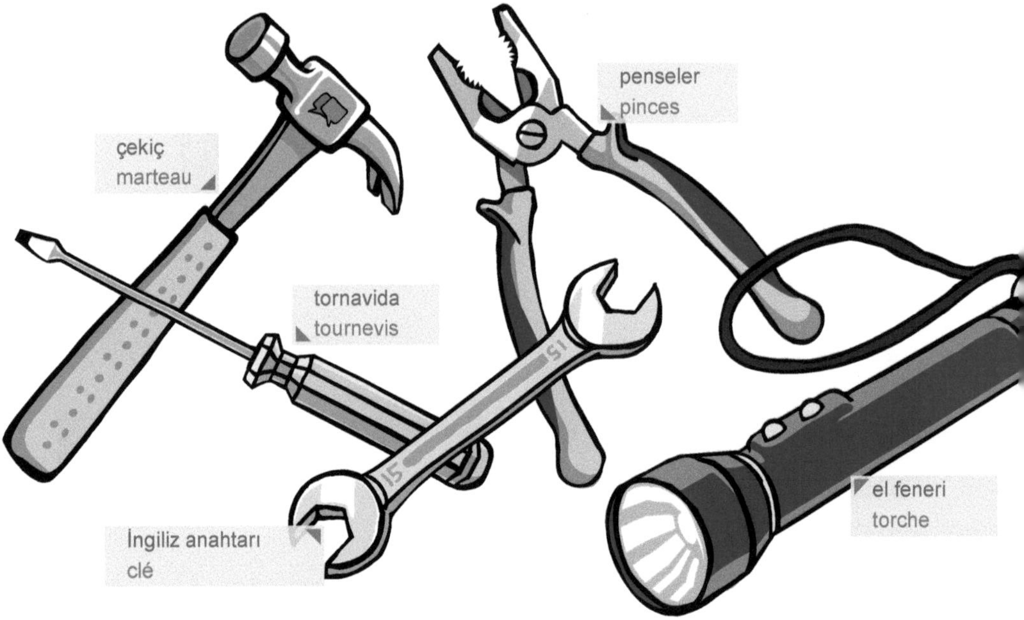
çekiç
marteau
penseler
pinces
tornavida
tournevis
el feneri
torche
İngiliz anahtarı
clé

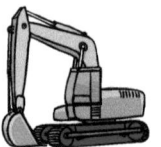

kazı makinesi
pelleteuse

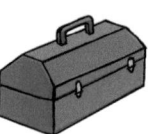

alet çantası
boîte à outils

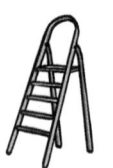

merdiven
échelle

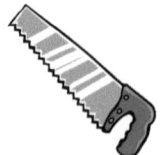

testere
scie

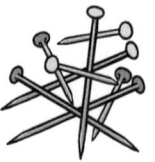

çiviler
clous

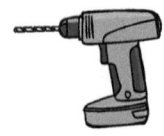

matkap
perceuse

tamir etmek

réparer

kürek

pelle

Kahretsin!

Mince !

faraş

pelle

boya tenekesi

pot de peinture

vidalar

vis

müzik enstrümanı
instruments de musique

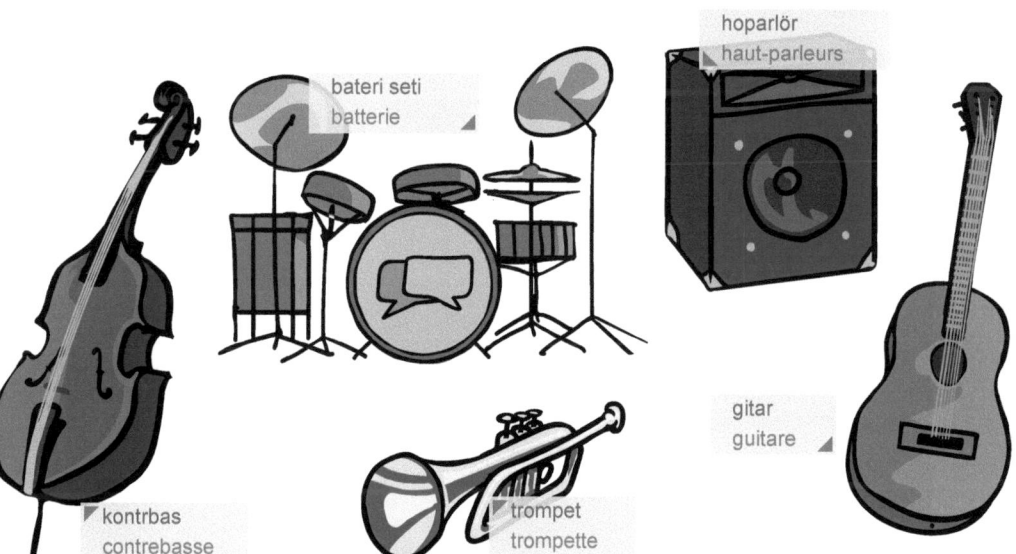

hoparlör
haut-parleurs

bateri seti
batterie

kontrbas
contrebasse

trompet
trompette

gitar
guitare

piyano

piano

keman

violon

basgitar

basse

timpani

timbales

bateri

tambour

klavye

piano électrique

saksafon

saxophone

flüt

flûte

mikrofon

microphone

hayvanat bahçesi

zoo

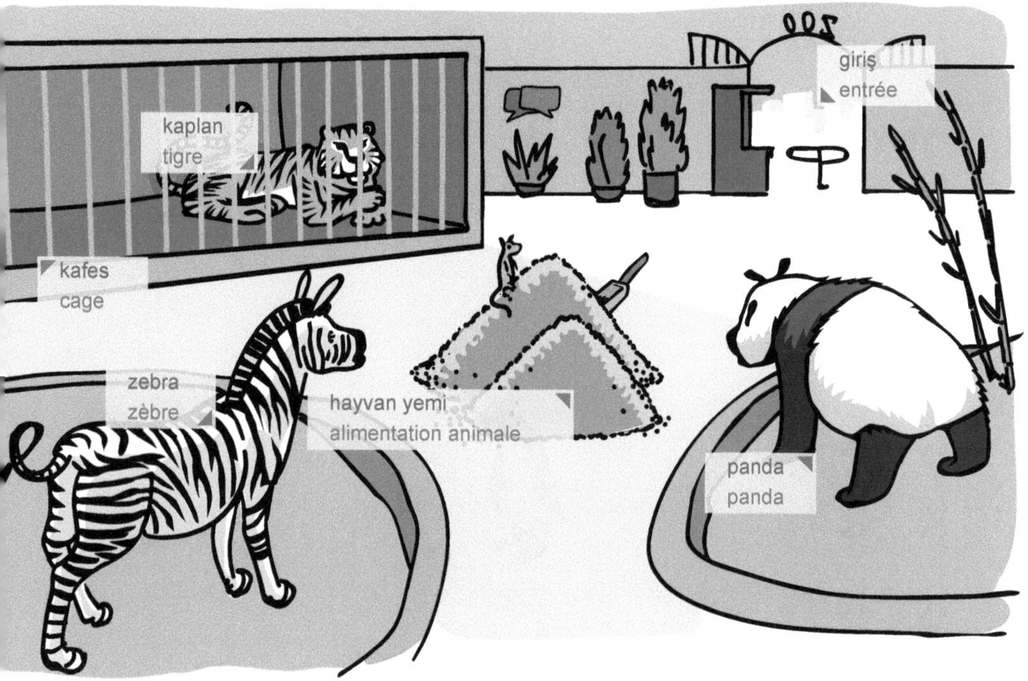

kaplan
tigre
kafes
cage
zebra
zèbre
hayvan yemi
alimentation animale
giriş
entrée
panda
panda

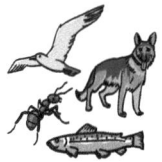

hayvanlar
....
animaux

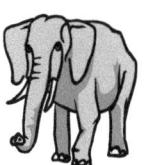

fil
....
éléphant

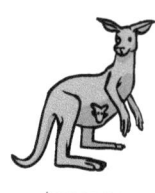

kanguru
....
kangourou

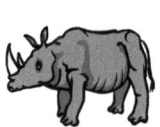

gergedan
....
rhinocéros

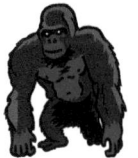

goril
....
gorille

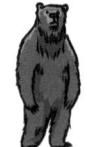

ayı
....
ours

deve

chameau

deve kuşu

autruche

aslan

lion

maymun

singe

flamingo

flamand rose

papağan

perroquet

kutup ayısı

ours polaire

penguen

pingouin

köpek balığı

requin

tavus kuşu

paon

yılan

serpent

timsah

crocodile

hayvanat bahçesi görevlisi

gardien de zoo

fok

phoque

jaguar

jaguar

midilli atı

poney

leopar

léopard

su aygırı

hippopotame

zürafa

girafe

kartal

aigle

yaban domuzu

sanglier

balık

poisson

kaplumbağa

tortue

mors

morse

tilki

renard

ceylan

gazelle

amerikan futbolu
american Football

bisiklete binme
cyclisme

tenis
tennis

basketbol
basket-ball

yüzme
natation

boks
boxe

buz hokeyi
hockey sur glace

futbol
football

badminton
badminton

atletizm
athlétisme

hentbol
handball

kayak
ski

polo
polo

etkinlikler
activités

gülmek
rire
atlamak
sauter
sarılmak
embrasser
yürümek
marcher
söylemek
chanter
hayal etmek
rêver
dua etmek
prier
öpmek
faire la bise

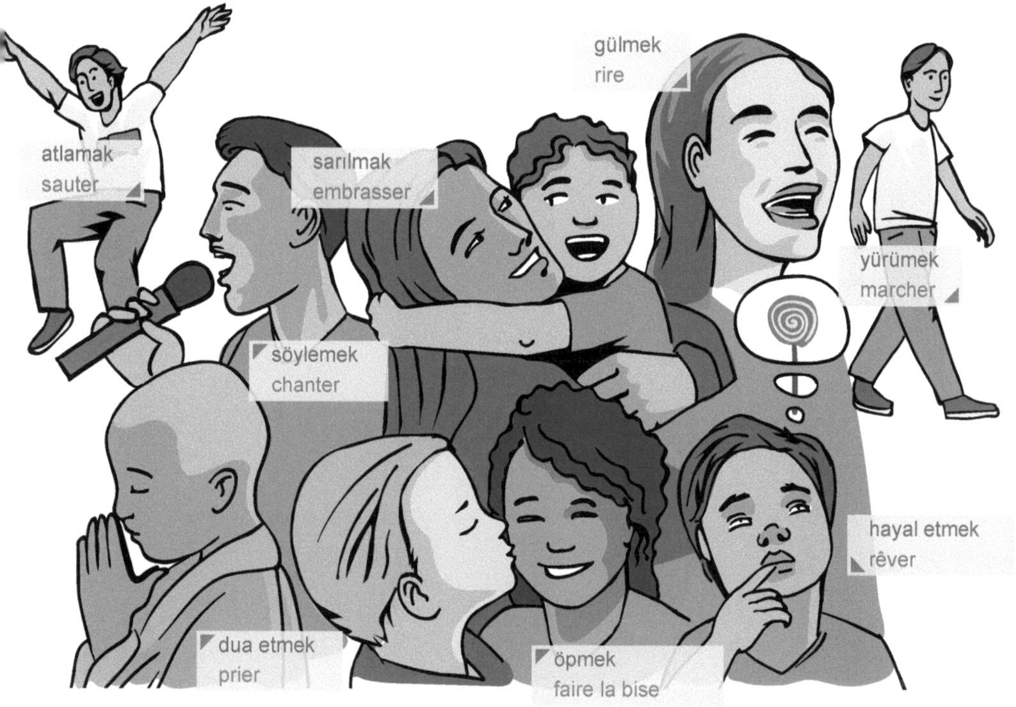

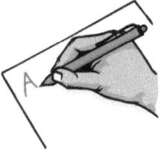

yazmak
écrire

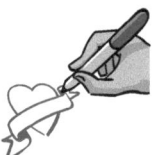

çizmek
dessiner

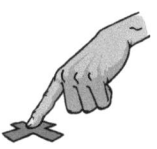

göstermek
montrer

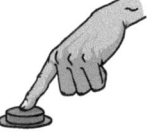

itmek
pousser

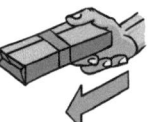

vermek
donner

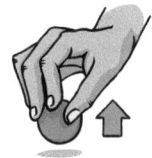

almak
prendre

sahip olmak
avoir

yapmak
faire

olmak
être

ayakta durmak
être debout

koşmak
courir

çekmek
trier

atmak
jeter

düşmek
tomber

yalan söylemek
être couché

beklemek
attendre

taşımak
porter

oturmak
être assis

giyinmek
s'habiller

uyumak
dormir

uyanmak
se réveiller

bakmak
regarder

ağlamak
pleurer

vurmak
caresser

taramak
peigner

konuşmak
parler

anlamak
comprendre

sormak
demander

dinlemek
écouter

içmek
boire

yemek
manger

düzenlemek
ranger

sevmek
aimer

pişirmek
cuire

sürmek
conduire

uçmak
voler

denize açılmak

faire de la voile

hesapla

calculer

okumak

lire

öğrenmek

apprendre

çalışmak

travailler

evlenmek

se marier

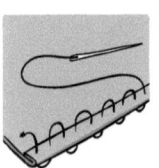

dikmek

coudre

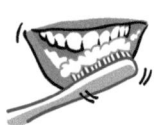

diş fırçalamak

brosser les dents

öldürmek

tuer

sigara içmek

fumer

yollamak

envoyer

büyükanne
grand-mère

büyükbaba
grand-père

baba
père

anne
mère

bebek
bébé

kız
fille

oğul
fils

misafir

hôte

teyze

tante

amca

oncle

erkek kardeş

frère

kız kardeş

sœur

vücut

corps

alın
front
göz
œil
yüz
visage
çene
menton
göğüs
poitrine
parmak
doigt
el
main
kol
bras
omuz
épaule
bacak
jambe

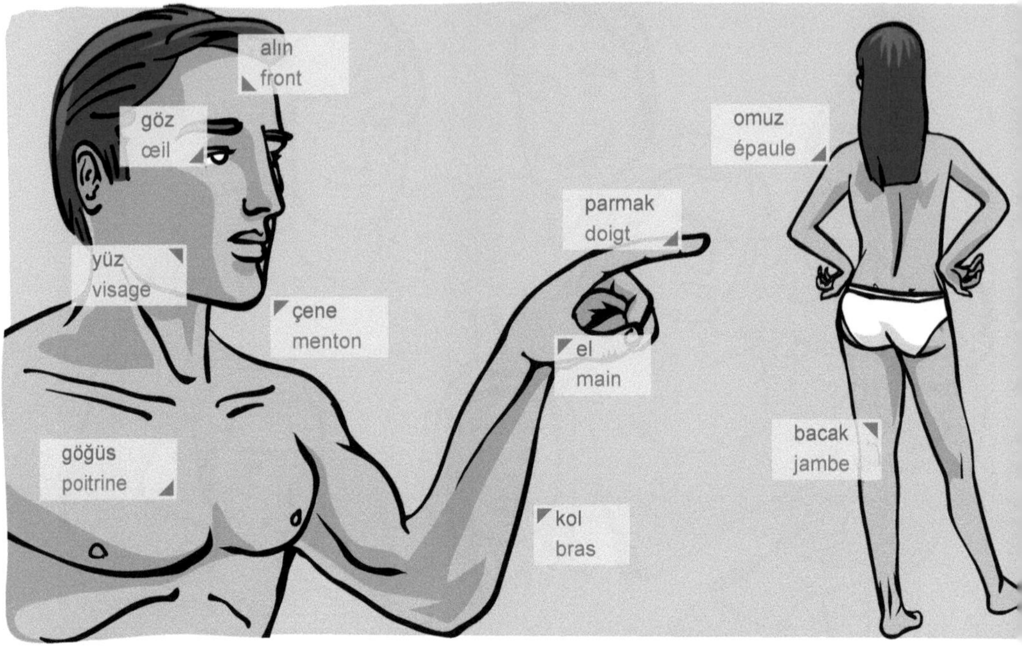

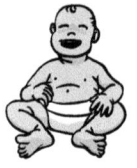

bebek

bébé

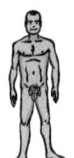

adam

homme

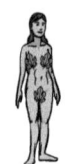

kadın

femme

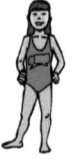

kız

fille

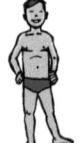

erkek çocuk

garçon

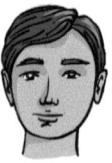

baş

tête

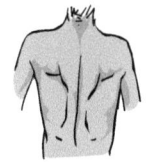

sırt

dos

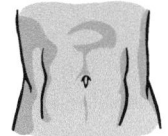

karın

ventre

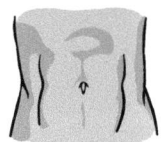

göbek

nombril

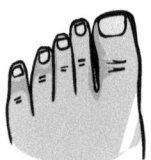

ayak parmağı

orteil

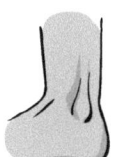

topuk

talon

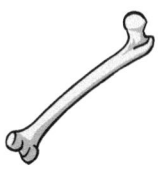

kemik

os

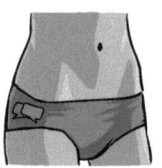

kalça

hanche

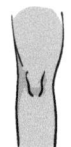

diz

genou

dirsek

coude

burun

nez

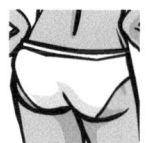

kalça

fesses

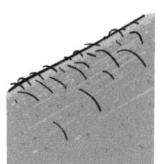

deri

peau

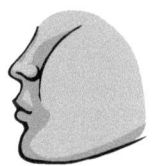

yanak

joue

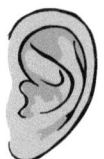

kulak

oreille

dudak

lèvre

ağız

bouche

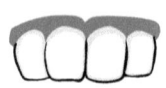

diş

dent

dil

langue

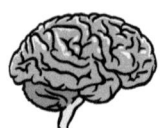

beyin

cerveau

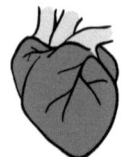

kalp

cœur

kas

muscle

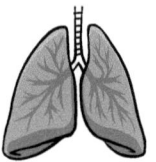

akciğer

poumons

karaciğer

foie

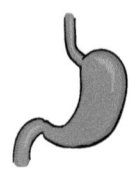

mide

estomac

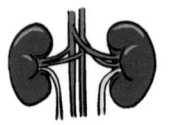

böbrekler

reins

seks

rapport sexuel

prezervatif

préservatif

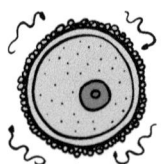

yumurtalık

ovule

sperm

sperme

hamilelik

grossesse

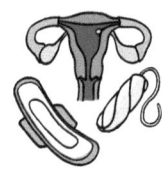

regl

menstruation

vajina

vagin

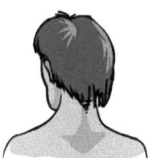

penis

pénis

kaş

sourcil

saç

cheveux

boyun

cou

hastane
hôpital

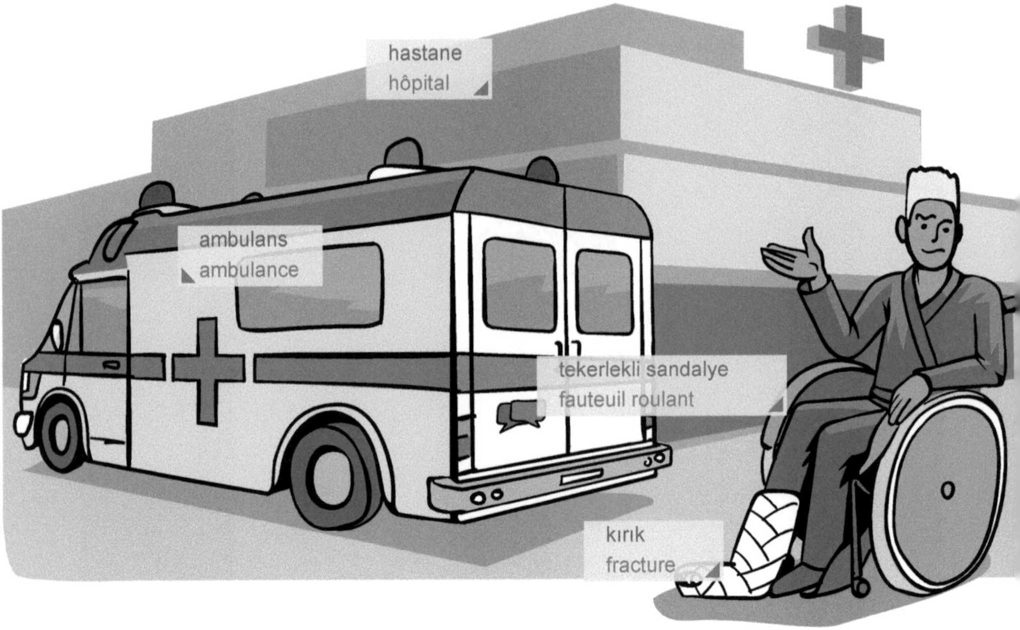

hastane
hôpital
ambulans
ambulance
tekerlekli sandalye
fauteuil roulant
kırık
fracture

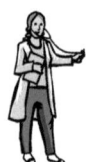

doktor

médecin

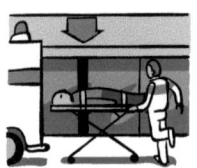

acil servis

service des urgences

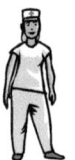

hemşire

infirmière

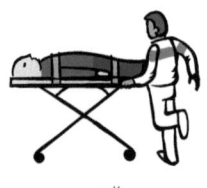

acil

urgence

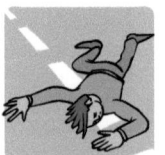

baygın

inconscient

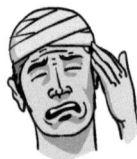

acı

douleur

yaralanma

blessure

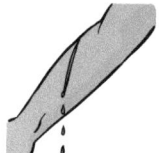

kanama

hémorragie

kalp krizi

crise cardiaque

felç

attaque cérébrale

alerji

allergie

öksürük

toux

ateş

fièvre

grip

grippe

ishal

diarrhée

baş ağrısı

mal de tête

kanser

cancer

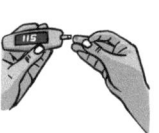

şeker hastalığı

diabète

cerrah

chirurgien

neşter

scalpel

operasyon

opération

bilgisayarlı tomografi

CT

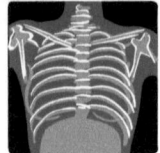

röntgen

radiographie

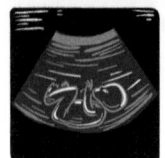

ultrason

échographie

yüz maskesi

masque

hastalık

maladie

bekleme odası

salle d'attente

koltuk değneği

béquille

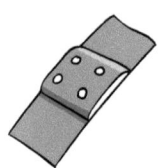

yara bandı

pansement

bandaj

pansement

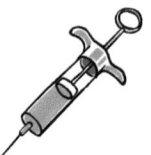

enjeksiyon

injection

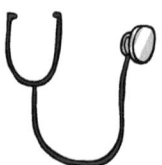

steteskop

stéthoscope

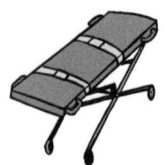

sedye

brancard

tıbbi termometre

thermomètre

doğum

accouchement

fazla kilo

surcharge pondérale

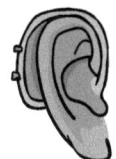

işitme cihazı

appareil auditif

dezenfektan

désinfectant

enfeksiyon

infection

virüs

virus

HIV / AIDS

VIH / sida

ilaç

médicament

aşı

vaccination

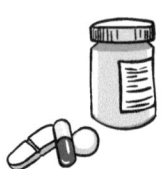

tablet

comprimés

hap

pilule

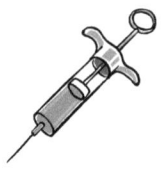

acil çağrı

appel d'urgence

tansiyon aleti

tensiomètre

hasta / sağlıklı

malade / sain

İmdat!

Au secours !

alarm

alarme

darp

assaut

saldırı

attaque

tehlike

danger

acil çıkış

sortie de secours

Yangın!

Au feu!

yangın tüpü

extincteur

kaza

accident

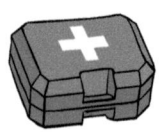

ilk yardım çantası

trousse de premier secours

imdat

SOS

polis

police

Avrupa

Europe

Kuzey Amerika

Amérique du Nord

Güney amerika

Amérique du Sud

Afrika

Afrique

Asya

Asie

Avustralya

Australie

Atlantik

Océan atlantique

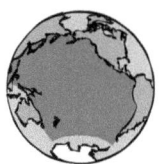

Pasifik

Océan pacifique

Hint Okyanusu

Océan indien

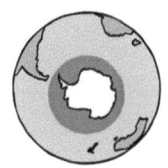

Antarktika Okyanusu

Océan antarctique

Arktik Okyanusu

Océan arctique

Kuzey Kutbu

pôle nord

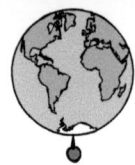

Güney Kutbu

pôle sud

Antarktika

Antarctique

dünya

terre

kara

pays

deniz

mer

ada

île

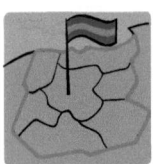

ulus

nation

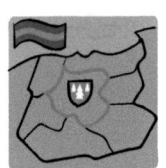

ülke

état

dünya - terre

kadran

cadran

akrep

aiguille des heures

yelkovan

aiguille des minutes

saniye ibresi

aiguille des secondes

Saat kaç?

Quelle heure est-il ?

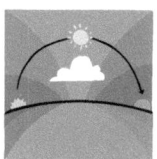

gün

jour

zaman

temps

şimdi

maintenant

dijital saat

montre digitale

dakika

minute

saat

heure

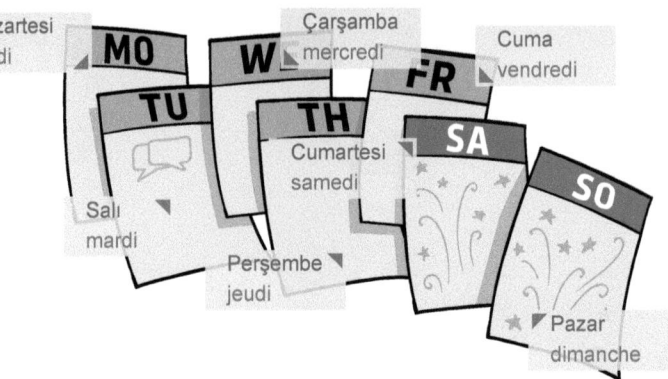

Pazartesi
lundi

Çarşamba
mercredi

Cuma
vendredi

Salı
mardi

Cumartesi
samedi

Perşembe
jeudi

Pazar
dimanche

dün

hier

bugün

aujourd'hui

yarın

demain

sabah

matin

öğle

midi

akşam

soir

MO	TU	WE	TH	FR	SA	SU
1	2	3	4	5	6	7
8	9	10	11	12	13	14
15	16	17	18	19	20	21
22	23	24	25	26	27	28
29	30	31	1	2	3	4

iş günleri

jours ouvrables

MO	TU	WE	TH	FR	SA	SU
1	2	3	4	5	6	7
8	9	10	11	12	13	14
15	16	17	18	19	20	21
22	23	24	25	26	27	28
29	30	31	1	2	3	4

hafta sonu

week-end

yıl
année

yağmur
pluie
gökkuşağı
arc-en-ciel
kara
neige
rüzgar
vent
bahar
printemps
sonbahar
automne
yaz
été
kış
hiver

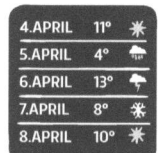

4.APRIL 11°
5.APRIL 4°
6.APRIL 13°
7.APRIL 8°
8.APRIL 10°

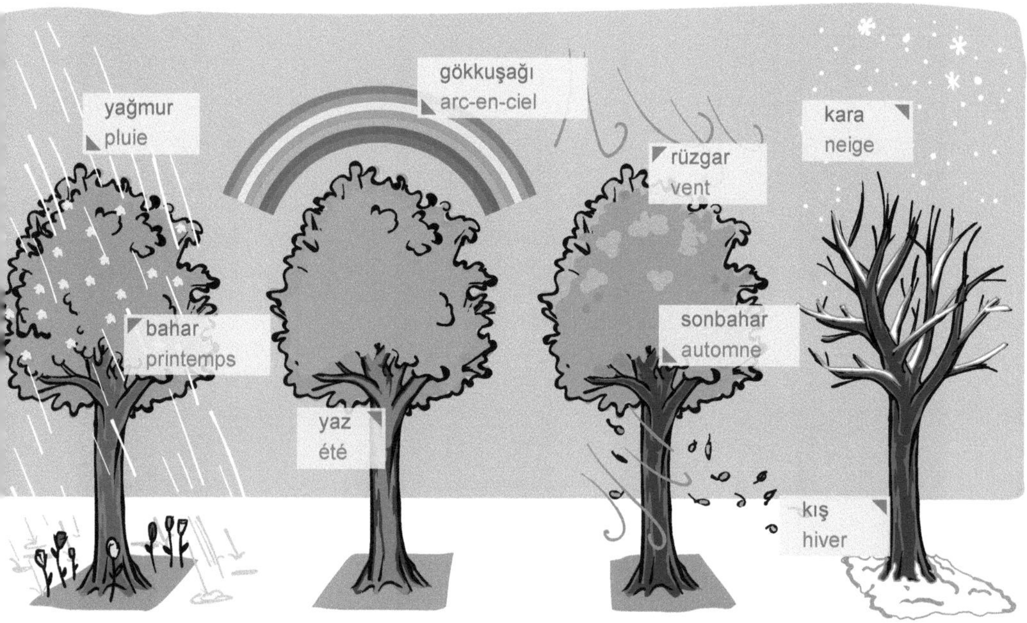

hava durumu tahmini

météo

F C
120 40
90 30
60 20
30 10
0 0
-30 -10
-20

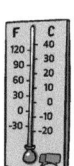

termometre

thermomètre

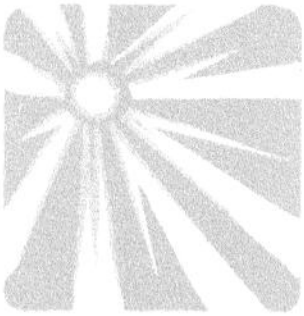

güneş ışığı

lumière du soleil

bulut

nuage

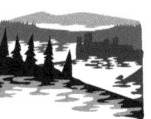

sis

brouillard

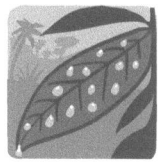

nem

humidité

şimşek

foudre

gök gürültüsü

tonnerre

fırtına

tempête

dolu

grêle

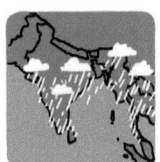

muson

mousson

sel

inondation

buz

glace

Ocak

janvier

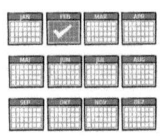

Şubat

février

Mart

mars

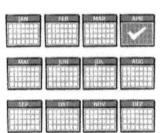

Nisan

avril

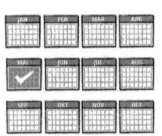

Mayıs

mai

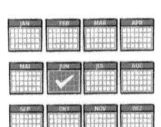

Haziran

juin

Temmuz

juillet

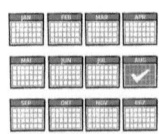

Ağustos

août

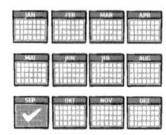

Eylül
....
septembre

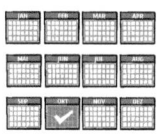

Ekim
....
octobre

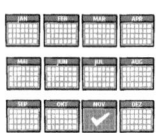

Kasım
....
novembre

Aralık
....
décembre

daire
....
cercle

kare
....
carré

dikdörtgen
....
rectangle

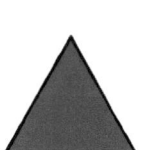

üçgen
....
triangle

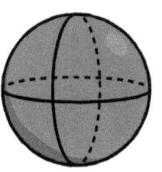

küre
....
sphère

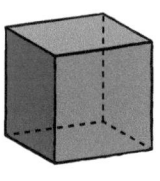

küp
....
cube

beyaz

blanc

sarı

jaune

turuncu

orange

pembe

rose

kırmızı

rouge

mor

violet

mavi

bleu

yeşil

vert

kahverengi

marron

gri

gris

siyah

noir

çok / az

beaucoup / peu

kızgın / sakin

fâché / calme

güzel / çirkin

joli / laid

başlangıç / son

début / fin

büyük / küçük

grand / petit

parlak / karanlık

clair / obscure

erkek kardeş / kız kardeş

frère / soeur

temiz / kirli

propre / sale

tamam / eksik

complet / incomplet

gün / gece

jour / nuit

ölü / canlı

mort / vivant

geniş / dar

large / étroit

yenilebilir / yenilemez

comestible / incomestible

kötü / iyi

méchant / gentil

heyecanlı / sıkılmış

excité / ennuyé

şişman / zayıf

gros / mince

ilk / son

premier / dernier

dost / düşman

ami / ennemi

dolu / boş

plein / vide

sert / yumuşak

dur / souple

ağır / hafif

lourd / léger

açlık / susuzluk

faim / soif

hasta / sağlıklı

malade / sain

yasa dışı / yasal

illégal / légal

zeki / aptal

intelligent / stupide

sol / sağ

gauche / droite

yakın / uzak

proche / loin

yeni / kullanılmış
nouveau / usé

hiçbir şey / bir şey
rien / quelque chose

yaşlı / genç
vieux / jeune

açma / kapama
marche / arrêt

açık / kapalı
ouvert / fermé

sessiz / gürültülü
faible / fort

zengin / fakir
riche / pauvre

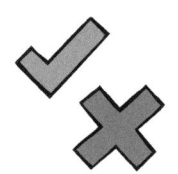

doğru / yanlış
correct / incorrect

pürüzlü / düz
rugueux / lisse

üzgün / mutlu
triste / heureux

kısa / uzun
court / long

yavaş / hızlı
lent / rapide

ıslak / kuru
mouillé / sec

sıcak / serin
chaud / froid

savaş / barış
guerre / paix

0

sıfır

zéro

1

bir

un / une

2

iki

deux

3

üç

trois

4

dört

quatre

5

beş

cinq

6

altı

six

7

yedi

sept

8

sekiz

huit

9

dokuz

neuf

10

on

dix

11

on bir

onze

12

on iki
douze

13

on üç
treize

14

on dört
quatorze

15

on beş
quinze

16

on altı
seize

17

on yedi
dix-sept

18

on sekiz
dix-huit

19

on dokuz
dix-neuf

20

yirmi
vingt

100

yüz
cent

1.000

bin
mille

1.000.000

milyon
million

İngilizce

anglais

Amerikan İngilizcesi

anglais américain

Çince (Mandarin)

chinois mandarin

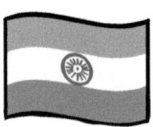

Hintçe

hindi

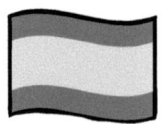

İspanyolca

espagnol

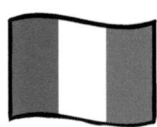

Fransızca

français

Arapça

arabe

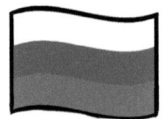

Rusça

russe

Portekizce

portugais

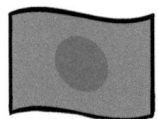

Bengalce

bengali

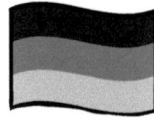

Almanca

allemand

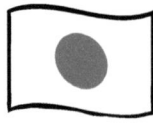

Japonca

japonais

ben
je

sen
tu

o
il / elle / ce, c', cela

biz
nous

siz
vous

onlar
ils / elles

kim?
Qui ?

ne?
Quoi ?

nasıl?
Comment ?

nerede?
Où ?

ne zaman?
Quand ?

isim
nom

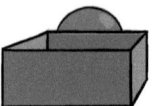

arkasında

derrière

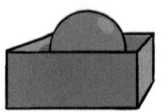

içinde

dans

önünde

devant

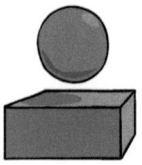

üzerinde

au-dessus

üstünde

sur

altında

en-dessous

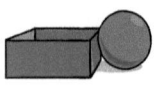

yanında

à côté de

arasında

entre

yer

lieu